A pérola e a ostra

Dados Internacionais de Catalogação na Publicação (CIP)
(Câmara Brasileira do Livro, SP, Brasil)

Janeiro, Cássia
A pérola e a ostra / Cássia Janeiro. --
Campinas, SP : Verus Editora, 2007.

ISBN 978-85-7686-017-4

1. Poesia brasileira I. Título.

07-2974 CDD-869.91

Índices para catálogo sistemático:
1. Poesia : Literatura brasileira 869.91

CÁSSIA JANEIRO

A pérola e a ostra

Prefácio de *Antonio Candido*

Apresentação de *Rubem Alves*

VERUS editora

POÉTICA

Copidesque
Ana Paula Gomes

Revisão
Carlos Eduardo Sigrist
Raïssa Castro

Capa e Projeto Gráfico
André S. Tavares da Silva

VERUS EDITORA LTDA.
Av. Brasil, 1999, Jd. Chapadão
13070-178 - Campinas/SP - Brasil
Fone/Fax: (19) 4009-6868
verus@veruseditora.com.br
www.veruseditora.com.br

Dedicatória

Li, certa vez, num artigo de Rubem Alves, a seguinte expressão: "Ostra feliz não faz pérola". Aquilo ficou guardado em minha memória e me acompanhou nos momentos mais profundos de dor e solidão, que, quem sabe, tenham se transformado em pérolas, ou ainda estejam se transformando.

O que mais me chamou atenção é que esse quase surdo grito em homenagem à dor tenha partido de alguém que carrega e distribui farta e generosamente a vida, a alegria de viver. É um paradoxo. Mas o que é a poesia, senão um paradoxo, um dizer não à vida, vivendo, um dizer sim à vida, morrendo a cada verso, a cada estrofe, até que, desse parto ininteligível, possam florescer palavras que exprimam algo que parecia inexprimível?

Conheci um Rubem Alves escrito muito antes de chegar ao que conheço hoje, na vida real. Dele posso dizer que não há diferença no escrever e no escrever-se e, mais, no inscrever-se. A esse amigo que me acompanha muito antes de saber-se acompanhado, dedico *A pérola e a ostra*.

Igualmente, conheci Antonio Candido antes pelos livros e, anos depois, em pessoa. Antonio Candido é daqueles sobre quem é difícil falar. Como Rubem Alves, tem o magnetismo da vida, mesmo quando a dor é latente e invisível a olho nu, mas penetrante em seu não-dizer. A ele, com amor, também dedico *A pérola e a ostra*.

Para Jô, cuja capacidade compassiva me deixa sem palavras.

Para Luiz, que, nos momentos mais pungentes de dor, manteve sempre a mão estendida.

Sumário

Prefácio

Na poesia sempre houve um elemento de manipulação e um elemento de vibração. Certos poetas tendem à manipulação técnica, enquanto outros se entregam à vibração emocional. Mais interessante é quando sabem misturar bem as duas coisas, a fim de conseguir um texto que exprima o seu ser e, ao mesmo tempo, seduza pela fatura.

Talvez as poéticas do nosso tempo tenham apostado demais no jogo verbal, como se valorizassem sobretudo a capacidade de produzir objetos destacados da emoção, parecendo mais demonstração de maestria que apela para a nossa argúcia, não para a nossa sensibilidade. Isso se deu, provavelmente, como reação ao excesso oposto, dos que pensavam que a presença da emoção basta para haver poesia, quando se sabe que sem bom artesanato a emoção não se comunica.

Os poemas de Cássia Janeiro se equilibram bem entre a capacidade de compor e a capacidade de fazer sentir, porque a sua composição parece aderir ao fluxo da emoção, como se o verso brotasse de uma fusão inextricável da vibração pessoal com o desejo de alcançar o outro por meio da linguagem ordenada. Sob a simplicidade direta do seu enunciado, percebemos a competência que se tornou espontaneidade. Por isso, podemos assimilar e incorporar uma palavra originada no que há de mais fundo, quase sempre de mais pungente, na vida essencial do poeta.

Isso me atrai, porque prefiro poemas que, por assim dizer, me fazem companhia. Poemas aos quais posso recorrer quando preciso de compreensão e solidariedade. Graças à oferta comovedora que o poeta faz de si mesmo, eles ajudam a compreender melhor a mim, mas também o semelhante e o mundo.

Tudo isso decorre da capacidade que tem Cássia Janeiro de transformar o seu sentimento aparentemente intransferível em algo que o torna bem comum. Ao se ajudar por meio da expressão redentora, ela nos ajuda, encarnando a sua/nossa vivência em palavra adequada.

O seu verso aproveitou bem a liberdade conquistada pelos modernistas do século XX, sendo capaz de dispensar os jogos da métrica, não levando em conta a distinção entre o que é ou não "poético", procurando sempre a expressão mínima e desativada para obter o máximo de emoção. A sua simplicidade depurada faz da composição poética uma filtragem, de tal modo que a sua densa emoção, a sua dolorosa experiência se torna patrimônio de muitos. Direta e penetrante, ela sabe ligar o pólo do eu ao pólo do outro e do mundo, porque, por mais forte que seja a sua mensagem carregada de paixão, freqüentemente de dor, há nela a forte vocação do diálogo, sem o qual o poeta não se configura. E quem escreve poemas como Cássia Janeiro é poeta plenamente configurado.

Naturalmente esse processo não se desenvolve como um jogo, e sim como experiência pessoal pesada, envolvendo o ser numa espécie de sacrifício pelo qual o poeta deve passar, a fim de extrair das suas profundezas o recado, isto é, o poema feito, pronto para ser linguagem da qual o leitor pode participar. Esse recado é a tradução de choques, dramas, júbilos, conflitos com o mundo, participação na dor dos outros tanto quanto na própria, denotando sempre a existência de sentimentos vividos com intensidade. Por isso, o caminho dos versos de Cássia Janeiro me faz lembrar outros, nos quais Giuseppe Ungaretti diz que a palavra obtida pela construção do poema é arrancada da sua vida, de maneira a deixar nela uma escavação abissal:

Quando trovo
in questo mio silenzio
una parola
scavata è nella mia vita
come un abisso.

Antonio Candido

Apresentação

Drummond fez um retrato da Cecília Meireles. Ele a desenhou envolta em brumas, porque ela não lhe parecia real. "[...] restava-me a impressão de que ela não estava onde nós a víamos. Por onde erraria a verdadeira Cecília, que, respondendo à indagação de um curioso, admitiu ser seu principal defeito 'uma certa ausência do mundo'?"

Fiquei a pensar se não era nessa ausência do mundo que viviam todos os poetas, sua poesia brotando precisamente dessa ausência: poesia, a palavra que diz a ausência... Nietzsche se lamentava: "Sou um fugitivo em todas as terras... Não encontrei um lar em lugar algum. Sou expulso de todas as terras paternas e maternas. Assim, eu agora amo somente a terra dos meus filhos, ainda não descoberta, no mar mais distante: nesta direção enfuno as minhas velas..." Fiquei a imaginar que essas velas enfunadas são os poemas que nos fazem navegar na direção da terra que não existe, ainda não descoberta. Os poetas são profetas que, da sua solidão, anunciam as novas terras que existem nas ausências.

Eu quis fazer um retrato da Cássia Janeiro. Tão diferente da Cecília, ela parece estar onde seu corpo está. Não há nada que sugira mistérios. Seu riso maroto confirma a minha impressão de que ela está lá onde eu a vejo.

Mas será mesmo? Suspeito. Lembro-me da advertência de Fernando Pessoa de que

> O poeta é um fingidor.
> Finge tão completamente
> Que chega a fingir que é dor
> A dor que deveras sente.

Por que fingirá a dor, esse

[...] grito primal
Que não saiu da garganta?

Talvez porque uma dor fingida dói menos que uma dor sentida... Suspeito que a Cássia finja estar onde parece estar para poder participar das rodas de conversa como uma pessoa igual às outras, sem dores sentidas nem fingidas.

Mas é só ler os seus poemas para se dar conta de uma divergência entre o lugar onde o seu corpo parece estar e o lugar onde a sua alma está. Como se corpo e alma morassem em espaços e tempos diferentes: o corpo morando nas presenças onde todos moram; a alma habitando as ausências onde os deuses moram. Os deuses, não são as ausências o lugar onde eles moram?

A Cássia me conheceu antes que eu a conhecesse. Gostou do que escrevo, embora eu não seja poeta. Dizem que escrevo poeticamente. Que seja. Mas nunca um poema se ofereceu a mim, pedindo que o escrevesse. No entanto a Cássia descobriu poesia na minha prosa. Encontrou, em algum lugar de um texto meu, a frase "Ostra feliz não faz pérola". Era um aforismo didático para estudantes e professores, sem nenhuma intenção poética. A ostra, para fazer a pérola, tem de ser infeliz. É preciso que ela tenha, dentro de sua carne, algo que a corte, um grão de areia com arestas pontudas. Dói. A ostra faz a pérola para parar de sofrer. A Cássia leu a frase, reconheceu-se e a transformou num poema:

Ao olhar a ostra,
Pergunta-se:
Existirá aqui uma pérola?
Mas é bom olhar para a
Pérola

E perguntar-se
Quanto custou à ostra
Essa gestação.

Quem só vê as presenças só vê a beleza redonda da pérola. Não vê a dor que a fez nascer. Acontece também com os poemas: a sua beleza não nos deixa ver que, além da poesia, existe a dor que a própria poesia não consegue dizer.

A poesia da Cássia é feita de compaixão. A melhor definição de compaixão que conheço me foi dada pela minha neta de 11 anos. Chorando, ela me disse: "Vovô, quando vejo uma pessoa sofrendo, o meu coração fica junto ao coração dela".

No segundo poema aqui apresentado, dedicado a Antonio Candido, ela escreve:

Um poema de amor na tua
Ausência
É uma vã tentativa
De te ver ali, imóvel,
E de te amar na sombra
Que ficou em mim.

O corpo, morada de sombras do nosso ser. Amamos as sombras.

O velho está só em seu apartamento vazio, que a presença de uma ausência encheu: aquilo a que comumente se dá o nome de saudade. A esposa já não mora lá. Mora a sua sombra. A Cássia sofre a solidão do velho e imagina o que ele diria, se pudesse...

O que sobrou de você neste
Apartamento
Foram as suas roupas,
Que logo vão ser dadas,

Os seus livros,
Alguns dos quais serão meus
[...]
As lembranças.
[...]
Mas quando você foi,
Ah, meu Deus!
O que sobrou?
O que sobrou
Fui eu.

Num dos poemas, ela brinca com a sombra. Imagino que a imagem lhe terá vindo ao contemplar a própria sombra, no chão, imitando-a em todos os movimentos. Sombra é fantasma, as-sombra-ção, coisa sem ser e presente.

Vem o primeiro tema:

Minha sombra não sou eu
Minha sombra não é ninguém.
Minha sombra está morta ao chão,
Embora se mova com os meus movimentos.

Segue-se então o tema invertido:

Minha sombra sou eu
Eu não sou ninguém.
Eu estou morta ao chão,
Enquanto minha sombra se move para o além.

Para onde vai esse espectro do meu ser? Para longe de onde estou. Mas onde é esse longe? Esse longe sou eu mesmo. Sendo eu a minha sombra, posso então

> [...] te amar na sombra
> Que ficou em mim.

Somos amantes de sombras? Milan Kundera diz que nunca amamos as presenças. Amamos as sombras dos seres, as metáforas poéticas que escrevemos no rosto da pessoa amada. Palavras são sombras?

> Sonho.
> Aqui sou livre
> [...]
> Aqui sou livre porque
> Escrevo.

Poetas são fotógrafos de sombras. Quando o poeta escreve, as sombras ganham rosto. Com as palavras, eles as seguram. Porque o que seria deles se o seu corpo não fosse morada de sombras? Deixariam de ser poetas...

Por que os poetas escrevem? Bernardo Soares diz que "arte é comunicar aos outros a nossa identidade íntima com eles". Pois é para isto mesmo que escrevem os poetas – para a inefável experiência de saberem-se iguais a todo mundo. Poesia é uma solidão de onde brota a comunhão.

Leio a Cássia e sinto que moramos no mesmo mundo. Amamos as mesmas palavras, nossas sombras se reconhecem: o pai com o filho morto nos braços, a ponta da faca, a chuva mansa que lava o mundo, a névoa, o exílio... Há uma compaixão igual pelo mundo que sofre.

Por que será que a Cássia foi fisgada pela metáfora da ostra e da pérola? Porque essa é uma metáfora dela mesma. Os seus poemas são pérolas. Mas dentro da ostra está a dor...

Rubem Alves

O que sobrou
(Para Antonio Candido)

O que sobrou de você neste
Apartamento
Foram as suas roupas,
Que logo vão ser dadas,
Os seus livros,
Alguns dos quais serão meus,
Aqueles que compramos juntos,
As lembranças.
O que sobrou foram seus retratos e,
Quando vi uma foto sua, sorridente e saudável,
Lembrei-me de que não me preparei
Para a sua vinda,
Mas pude me preparar para a sua ida.
Mas quando você foi,
Ah, meu Deus!
O que sobrou?
O que sobrou
Fui eu.

Poema da tua ausência
(Para Antonio Candido)

Um poema de amor na tua
Ausência
É mostrar a dor nua com
Inocência.
É falar dessa dor que não
Sinto
E que me dói por não
Senti-la.
Será essa uma mentira
Inacabada?
Será essa dor insuportável
Incapaz de sentir-se?

Um poema de amor na tua
Ausência
É uma vã tentativa
De te ver ali, imóvel,
E de te amar na sombra
Que ficou em mim.

Vida

Esta vida que me pertence
Não é minha.

Ilusão é seu nome,
Véu é sob onde se esconde.

Ver a si é mergulhar no próprio
Oceano,
É ausentar-se para estar
Presente,
É não ver para olhar,
É calar para dizer.

A singular figura que sou
Está no meu longínquo ser
Solitário,
Sem mim.

E nesse murmúrio involuntário que me
Concebe,
Nesse claustro que me
Liberta
Sou.

Terraço

Minha vida é um terraço,
De onde vejo a madrugada fria
Que tece a solidão da penumbra.

Minha vida é catacumba
Da esquizofrenia,
Que me fere como um aço.

Minha vida se esvazia
Do cansaço
Que vislumbra.

Minha vida é umbra
Do sol melgaço
Que tua pele alumia.

Sombra

Minha sombra não sou eu
Minha sombra não é ninguém.
Minha sombra está morta ao chão,
Embora se mova com os meus movimentos.

Minha sombra sou eu
Eu não sou ninguém.
Eu estou morta ao chão,
Enquanto minha sombra se move para o além.

Dissonância

Quisera eu
O esplendor do olhar
Em um canto gregoriano;
Lágrimas
Em sons delicados de flauta;
A sutileza
No pulsar da clarineta,
Nestes versos desencontrados.

Quisera eu
Musicar a acústica do amor,
Anular notas de angústia.

O ruído
Da minha sensibilidade,
Na serena vibração
Da chuva a gotejar lá fora,
Germina cada filamento,
Até chegar
À transparência da água
Destacada dos meus olhos.

Teço em fios de seda
O prelúdio
De cada molécula,
Único vínculo
Na minha dissonância.

Chuva

Há dias em que chove dentro de mim.
Não uma tempestade,
Mas uma garoa fina e fria que me
Toma de assalto.
Nesses dias a vida sofre para viver.
Nada pode ser feito,
Nada agasalha a alma doída,
Ao relento.
É antes uma névoa que me impede
A expressão,
Do que a ausência do que se pode
Expressar.
Em dias assim eu me recolho incompleta
E não me exponho ao sol,
Posto que seus raios não me penetram.
Em dias assim devo lembrar: isso passa.
Nesses dias, deixo-me chover e escoar.

A margem

Tirei minhas vestes
Uma a uma.
Despojei-me até a nudez
Completa.
Da madrugada recolhi a
Luz da lua,
De quem o corpo era refém.
O sono me dormiu,
Eu jamais acordei;
Escrevo do outro lado.
Chego à outra margem e
Descanso,
Inundada de luz.
Sonhos são reais como a brisa
Que ora resvala a pele.
Do outro lado da margem
Deixei minhas sombras e
Minhas correntes.
Olho para lá tranqüila,
Sem carregar a lembrança do que fui,
Sem saber ainda o que sou.
Apenas sei que pertenço à margem de cá.

Pés

Sob os meus pés,
Nada –
E esse nada
Me
Sustém.

Como um cão

Chega abrupto, mas calmo,
Como um cão que salta à frente
E não ladra;
Observa.
Olho nos olhos.
Quem és?
Eu?
Quebro o espelho num gesto
Abrupto, mas calmo,
Como um cão que salta à frente
E não ladra;
Contempla o espaço.

Matrix

Não sou uma cópia,
Não sou um programa,
Não sou um instrumento.

Entre a Matrix e a liberdade
Existem imponderáveis,
Existem as lembranças adormecidas
Do que já fomos
E do que somos.

Entre a caverna de Platão e a Matrix
Há um engodo.
Platão saiu da caverna;
Matrix quis que tomássemos a segunda e a terceira pílula,
Como se já não houvesse a primeira.

Somos ignorantes apenas enquanto nada sabemos,
Enquanto achamos que sabemos de tudo.
Uma vez que se conhece,
Só nos resta o conformismo ou o caminho.
De nada adianta sair da Matrix se a Matrix não sai de nós.

A pílula da liberdade
Só nós podemos fabricar,
Uma a uma,
Porque só nós iremos tomá-la.

Desintegração

Desintegro
A cada compasso do
Relógio.

Ponteiros
Desfazem teses, idéias e
Ideais,
Até que nada reste.

Deixei minha
Roupa
E, nua,
Procuro, procuro.

Certezas são sólidas como o
Ar.

Ser

Visitei os cemitérios da
Morte
E da loucura.

Esbarrei em túmulos e
Catedrais.
Tomei o pulso dos
Mortos
E penetrei nos labirintos dos
Loucos.
Não temo mais os corredores dos
Vivos
Nem a procissão dos
Que se foram.

É o caminho que tomo que
Toma meus pés.
Eu, de mim, espero
Ser.

A montanha

Subo a montanha
Pontilhada de perguntas.
Sei que,
De cima,
Verei o que vivi.
(Cheiros e sons, cores e sabores)
Porque experimentei o mundo
Antes de vê-lo de longe.

A montanha se move e
Lateja;
Pulsa a minha
Alma,
Cravada de dúvidas que
Já foram certezas.
Eu sou a minha própria
Montanha.

Alma limpa

Posso deixar tudo
Porque (por que) vivi.
Minha alma está
Limpa
E acaba de
Nascer.

Trago comigo as
Possibilidades,
Esse espanto de nascer.

Trago comigo a promessa da
Vida e da morte;
Trago comigo a
Explosão.

A caverna

Saio da caverna de Platão
Cega.
Procuro sábios do templo,
Filósofos e magos.
Esbarro em sombras que
Persistem,
Sem saber se o lado de
Fora
É outra caverna.

Caminho apenas.
Atordoada e feliz.
Caminho.
E meu caminho é sem volta,
Porque o mundo – como todas as cavernas –
Está dentro de mim.

Metáfora

Sou metáfora do
Vento,
Hiato de
Sonho,
Forma sem
Foco,
Nuvem de
Razão.

Sou sem saber
Quem sou,
Mas, ainda assim,
Sou.

Substância

O que me separa do mundo
É que sou sonho,
Ar e vento,
Que é ar em movimento.

O que me separa do mundo é a
Substância.

Folha em branco

Uma folha em branco
É o que ganhamos
Para escrever a vida.
Mas o que está escrito
Entre as fibras das folhas,
Nas frestas do desconhecido,
Entre a tinta e o sonho,
Entre palavra e silêncio?

Meu nome

Perdi meu nome
Na incapacidade de ser.
Minha existência
Não suporta existir.
A vida, entretanto,
Segue passo a passo,
À minha revelia.
É a poesia que me torna
Possível.
É nesse espelho quebrado de
Versos e palavras
Que encontro alguns pedaços
Estilhaçados do meu ser.
Absorta nesse mistério,
Já tentei montar um quadro.
Hoje a mim contentam os
Estilhaços
Onde miro os fragmentos de
Mim.
Cansei-me de tentar juntar os
Cacos
E de emprestar-lhes algum
Formato.
Sou viajante entre o real e o
Irreal.
Às vezes choro,
Outras, silencio.
Na maioria das vezes,
Não existo.

Melodia

Ouço uma melodia guardada
Dentro de mim.
Dela não me lembrava,
Como não me lembro ainda agora.
Apenas sei que ela me leva
A um terraço
De onde posso voar.

E, quando vôo,
Quase chego a pensar
Que a vida é possível
E não me sinto mais estrangeira,
Nem exilada de mim.

Sozinha naquele terraço
Tudo posso,
Até sorrir,
E tudo faz sentido.

Estranha é essa melodia
Que brota em mim
Às vezes.
É uma triste canção que não chora,
Uma luz que penetra a palidez.

A melodia tem cheiro de chuva
E me agasalha do frio.
Tem um compasso vago,
A delicadeza de um pranto contido
Ou de uma alegria com um quê
De tristeza escondida.

A melodia que hospedo
Tem um gesto brando e gentil.
Eu me sento nesse terraço
E finalmente posso sonhar.

Solidão

Nada sei de sua origem sinistra,
Solidão.
Você me agarra por completo
E me trava a garganta
Enquanto escrevo relutante
E peço que me deixe em paz.

Ao final, tudo é silêncio e
Verbos passam pelo asilo da minha
Alma solitária.

Manhã

É tarde da noite
Quando minha manhã
Começa.

Seu começo é o canto
De uma ave rara
A se esconder nas minhas
Entranhas.

Da minha carne sai
Um gemido inóspito,
Um sussurro que pede
Para ser ouvido,
Para ser escrito.

É assim que todas as minhas manhãs
Começam.

Absurdo

Separo-me de mim
Pelo absurdo de ser.
Líquida é minha natureza
Anímica
E passeios oníricos
Rompem a medula da
Minha existência.

Chego a flertar com a
Realidade,
Que de mim se desvencilha,
Como se fosse impróprio.

O revés da fundura
É espaço,
O branco da folha,
O negro dos olhos.

Se convocada apareço
Sorrindo,
Mas a alma está
Nas trevas.

A vida fisga
No seu desfavor de
Viver.
Sigo meu luto.
Separo-me de mim
Pelo absurdo de ser.

Carta

A tarde cai disforme num soneto.
Imperfeito é o testamento
Do dia que termina.

A noite se desenha em mim,
Peregrina.
Traça uma vírgula
Na qual deito meu corpo
Cansado.

Absorta, vejo palavras quentes,
Tristes e úmidas
A passearem por entre as
Nuvens da minha alma.

É indecifrável esta carta
Sem destino e remetente.

Espero uma palavra
Que me traga sossego
E toda poesia.

O jardim

O jardim de minha casa
Tinha flores inocentes
E um tapete verde
Onde a luz se deitava.

O jardim de minha casa
Abrigava a noite clara
Mesmo quando escura.

Hoje apenas a brisa e eu
Habitamos o pântano
Que enterrou meu jardim.

Há flores e um tapete verde;
Há luz e noite clara
Ao reverso.

Terá sido um erro?
Terá sido um sonho?
Serei eu toda um grande equívoco?

Fado

Minha canção é um fado.
A chuva não o detém,
Tampouco o sol,
Que empalidece em sua presença.

Minha oculta solidão se revela
Na súbita transparência que toca o ar
E me transforma em sombra de mim.

É branca e anônima a minha tristeza;
É calado e paciente o abismo
Que me espera.

Eu me espanto com o vazio.
Ali devia ter uma porta;
Há um vácuo.

É no silêncio andarilho
Que me detenho agora.
É nele que espero
Que o fado termine
Lento e belo
Como a lágrima que guardo em meus
Olhos.

Pai

Ele não escolheu
As cores do meu berço.
Oferecia seu colo interino,
Onde eu repousava
Frações de amor.

Nas curvas do escuro
Eu procurava o medo,
Cúmplice paciente
A esperar sua chegada.

O som da chave
Abrindo a porta
Trazia de volta
O maestro
Da minha orquestra.

O crepúsculo irrevogável
Carregou o pai,
Protetor nas sombras,
Antes de me ensinar
A não temer a escuridão.

Esperança

Vejo uma criança brincando
Desavisada das coisas da vida.
Ela brinca com formigas,
Trava um diálogo secreto
Com elas.
É breve aquele instante,
Mas tudo naquele instante
É amor e beleza.
Ela corre no corredor de
Cimento,
Naquele quintal,
E desconhece as dores
Que por lá passaram.
Ela vê coisas que ninguém vê,
Inventa seu mundo no quartinho
Dos fundos,
Arruma seus poucos brinquedos
E tem compaixão pela boneca feia.

É breve também o instante
Em que o abraço de sua avó
É protetor e confortável.
É de uma brevidade infinita
O sorriso de sua mãe
E de suas velhas tias.
E mais breve ainda,
A visão mágica de seu pai
Que a carrega no colo.

Minha infância foi breve
E a vida ainda
Tinha a esperança
De ter esperança.

Infância

Um rosto envelhecido,
Infância ausente,
Mistérios desvelados.
Tão cedo,
Tão cedo.

Um rosto escondido,
Anônimo descrente,
Olhos marejados.
Tão cedo,
Tão cedo.

Um rosto bandido,
Corpo decadente,
Sonhos desfigurados.
Tão cedo,
Tão cedo.

Um rosto sem verbo,
Uma não-existência,
O rosto de um servo
Sem complacência.
Um quê de inocência,
Um quê de indecência,
Um rosto vencido
De alguém falecido.
Tão cedo,
Tão cedo.

Meu pai

Meu pai,
Fui amputada pela
Tua ausência.
Deixei meu chão em teu túmulo.

Com quem falar em silêncio?
Quem ouvirá a voz calada?

Em veias transparentes,
Uma dor inabortável
Punge.

Eu te ofereço amor
Em versos,
Esperando que as palavras
Destruam a tua morte e
Me tragam vida.

Meu pai,
Eu nunca disse tudo que podia.

E hoje, na tua ausência,
Palavras são apenas uma
Oração silenciosa.

O seu lado da cama

O seu lado da cama ainda está quente.
Permanece o seu cheiro adormecido
Nas entranhas do cobertor,
Qual uma pequena brasa
De amor contido.

Não sei se tentei tudo o que podia,
Mas era o que eu podia.
Eu ainda o procuro
Como se fosse um pássaro
Na imensidão da minha floresta.

Eu ainda o procuro
Dentro de mim.

Mirar

Gosto de te mirar
Despercebida.
Como a estrela que, sem saber, me encanta,
Quando menos esperas,
Aqueces meu coração.

Quando, distraído,
Pousas a mão no meu joelho,
É um espaço que não se sabia vazio
Que preenches.

E se tua mão toca a minha face,
Uma melodia se compõe
Sem permissão.

Mesmo quando não compreendes
O que comigo se passa,
Mas ficas do meu lado,
Minha solidão não é tão só.

Estou cada vez mais calada,
Mas meu silêncio te observa e,
Se não entendes a melancolia
Do meu ofício de viver,
Não te ocupes disso,
Porque, em silêncio,
Vou te amar sempre.

Senha

Você tem senha.
Atinge minha alma quando
Se ergue sobre mim,
E me submete à
Felicidade.

Eu o leio lentamente,
Braile delicado,
No sal do suor,
No calor do sêmen,
Na sombra desenhada pela
Fraca luz.
Eu o leio na umidade.

A madrugada se abre em fenda.
Seu corpo,
Inesperadamente belo,
Embrulhado ao meu.

Eu o leio lentamente,
Como quem lê o orvalho,
Como quem lê as coisas
Que nunca foram escritas.

Espera

Sabes que te esperei
E que te espero ainda
A cada dia,
A cada manhã quando acordas,
A cada instante roubado,
A cada dúvida.

Já te esperei
Com a insanidade alucinada,
Com o desespero da dor,
Com a esperança da claridade
E no limbo escuro.

Procurei-te a vida inteira
Em mãos estranhas
Que prenunciavam a solidão.

Não me perdi para te encontrar,
Mas encontrei-me em ti,
Como te encontro em mim,
Nexo singular de todas as coisas.

Apesar de te encontrar,
Espero-te e te olho
A cada noite;
Espio teu adormecer
Sabendo que,
Todos os dias,
Voltas ao acordar.

A porta

Eu espero e espero
Que a porta se abra
E que o vazio
Da porta aberta
Se preencha
Com o teu rosto.
Eu espero
Que a porta aberta traga o sorriso
Da minha boca.

Eu te amo

Eu te amo como a violência das manhãs chuvosas
E a calma de um sábado.
Eu te amo como a madrugada desvirgina a noite
E como o céu guarda a lua.
Eu te amo sem razão e sem objetivo,
Sem começo nem meio.

Meu poema é uma oração que procura sua boca,
Que vasculha seu corpo.

Meu amor é simples e louco,
A pincelada amarela de Van Gogh,
A nota perdida de um tango de Piazzolla,
A palavra caída de Vinícius.

Eu te amo como o mortal
Que guarda a infinitude da solidão.
E te amo tão total e loucamente
Que você não nota,
Não sente.

Ah, se você pudesse sentir esse amor
E me mergulhar a cada instante,
Saberia, enfim,
Que se morre de amor
Para ter vivido.

Âncoras

Hoje eu faria uma obra de arte
Inspirada na alegria de
Estar viva.

Os retratos dos meus filhos
Espalhados nesta sala
São âncoras a segurar-me no espaço mudo.
São fatias de sorriso
Nascidas na contração da dor.

Eu faria uma obra de arte,
Se pudesse me fundir
Às coisas simples
Que desaprendi a fazer.

Não faço uma obra de arte,
Mas canto e danço
Ao som deste amor umbilical,
Pelos pedaços de gente que crescem
E nunca sairão de mim.

Rascunhos de sonhos

E o que são poemas
Senão rascunhos de sonhos,
Fendas de cor,
A minha boca a pressentir a
Tua?

Minhas palavras estão órfãs
Do teu cheiro,
Meu lençol te
Chama
E meu corpo se vasculha
À tua procura.

Uma sede sem fim
Da tua água
Dissolve palavras.

E o que é
Este poema
Senão o que ficou no teu lugar?

Beslan

As crianças de Beslan não se movem;
Elas dormem pela última vez.
Olho perplexa para as crianças de Beslan,
Olho perplexa para seus corpos derramados.

Sua infância será guardada
No luto da minha perplexidade.

As crianças de Beslan nunca mais vão respirar.
Ai de nós, que ainda respiramos
Os cadáveres de Beslan.

Crianças abandonadas

Elas esbarram em nós
Com seus chocolates, balas, truques
E limpam nossos pára-brisas nos faróis.
Sua infância escorre como aquela
Água suja que vejo no vidro.
Uma moeda qualquer
É a medida do seu valor.
São crianças sem dúvidas poéticas
Ou filosóficas.
Não há Hamlets entre elas.
Não estão entre o ser e o não ser.
Não são.

Mundo não há

Constrange-me vê-la tão de perto,
Aquela criança.
Aos 9 enlaça a balsa
E deixa na canoa a
Infância.
Aos 12 ou 14 será velha
Ou morta.

Eu apenas olho e me constrange a vida
Esse olhar.
Ela sobe na balsa,
Os homens a devoram
Sem o meu constrangimento.

Aquela criança que brincava entre as árvores de
Açaí
É agora uma mulher inacabada.
A melodia do seu corpo
É um réquiem interminável.

Aquela criança passará dias
Ouvindo esse réquiem
Até que tudo termine,
E ela volte para casa
Levando alguns trocados.
Ela subirá nas árvores de açaí
E lá ficará
Até a próxima balsa chegar.
E novamente deixará a infância na canoa,
Subirá na balsa

Até que seu corpo seja devassado
Por completo,
E que da alma reste apenas
Uma brevíssima lembrança,
Até que as folhas de açaí
Caiam sobre aquele pequeno vulto.
Vida não há.
Mundo não há.

As crianças da Praça da Sé

Naquele banco há uma
Mancha.
Disforme, em meio à inocência e à cola,
Ela ri
O riso dos famintos,
O riso sujo
Nosso de cada dia.

Crianças criadas
Pela rua,
Crianças crescidas,
Não nascidas,
Crianças mortas
No ventre nosso.

A dor

A dor é uma ausência,
Uma saudade de não sei quê,
É a nostalgia do que não foi
Ou do que podia ter sido.

A felicidade não pode ser completa,
A dor, sim.
Na dor, nada mais a perder,
Na felicidade, muito.

A dor é o grito primal
Que não saiu da garganta.

Fechadura

Fervo espiral de carne,
Transformo sangue em chocolate
E bebo depois do jantar.

Aprendi novas formas
De derreter ventos
E pousá-los
Sob o véu negro das freiras.

Extraio cânceres convictos,
Viro páginas da história.

Concebo divórcio amigável
Entre palavras
E não perco de vista
O navio perdido.

A promessa já cumprida
De engolir a fechadura
E vomitar a chave
Não me abriu portas
Nem fechou janelas.

Suicídio

Tenta-me a ponta da faca,
Tentam-me os tentáculos da morte.
Do fundo do poço nada se vê, tudo é escuridão.

Estou apertada nessa parede de carne,
A respiração não finda.
O precipício que me abraça
É um ar sem fim.

Sei que verei a luz do dia
E ela me cegará.
Do lado de fora posso entender
Que a escuridão me sobrevive.

Gritos

A noite chega
Num arremesso.
De nada adianta
Tapar os ouvidos
Se os gritos
Saem dos ossos.

Dobradiça

Abri a porta do mundo
Esperando encontrar
O calor do
Meu guarda-roupa.

Fechei meus olhos
Com pregos
Arrancados dos cabides.

Demorei anos para entender
Que era escuro dentro de mim e
Que luzes não penetram veias.

Delirei com febre alta,
Enchi a sala de promessas vagas e
Esmaguei a vida
Na dobradiça da porta.

Desabitada

Que força é essa
Que me arrebata a qualquer momento,
Rouba-me a alma
E a devolve
Num sopro;
Que força é essa
Que me habita
E me deixa desabitada?

Tsunami

O calor da alma
Não chega a emergir,
Tal qual a chuva do sertão,
Que seca antes de tocar o chão.
Meu coração não pode mais dizer
Uma palavra antes que ela seque
Ainda no ventre.

Calor

Ali mesmo
Existe um templo
Para depositar
Fracassos
De uma vida inteira.

Eu ajoelho e rezo
Sob os pés das madres,
Rasgo pedras com
Dedos feridos,
Mas não consigo
Arrancar a raiz
Desta solidão
Ao som de violino.

Encontro uma vírgula
A caminho
Do ponto final.
Faz um calor insuportável
Nesta prisão de nervos.

O talho da navalha

Vacilo, mas me arrasto
Nesta floresta de espinhos rascantes
Que é a vida.

Essa loucura,
Que consome antes a alma
Que o pensamento,
É a espada reluzente sob a névoa
Que Otelo não pôde baixar.

Os espinheiros se fecham
E me alcançam a pele do
Avesso.

Ao acaso e sem razão
O Hades gesticula com mãos
Sangrentas.

Reduzida a migalhas,
Meus restos se espalham aos
Abutres.

Minha carne nada mais
Sente,
Além da desolação generosa da
Solidão.
Minha alma, entretanto,
Ainda geme,
Até que tudo cesse
Num último suspiro.
Que seja veloz e indolor
Como um talho de navalha.

A pérola e a ostra

Haverá uma pérola
Em cada
Ostra?
Haverá um tanto de
Ostra
Em cada pérola?

Já fui pérola,
Hoje, ostra.
Prenhe do fundo do
Mar.

Ao olhar a ostra,
Pergunta-se:
Existirá aqui uma pérola?
Mas é bom olhar para a
Pérola
E perguntar-se
Quanto custou à ostra
Essa gestação.

Punhal

Tenho um punhal
Em mim.
A sibila que se move
A meu despeito,
A âncora que já
Não pesa
O peso que me sustém.
Ergo-me e caio
Num balé sinistro
De notas desafinadas,
Qual um pianista exímio
A um piano sem teclas.

Sigo a passos tortos
Para o abismo,
Tendo Nietzsche
Ao fundo dos olhos.

Em mim existe apenas
A pergunta
Que não foi feita.
E o silêncio.

Tempos

Tenho a imagem rasgada de
Outros tempos,
Guardada no porão.

Memórias de que não posso me
Lembrar
Escritas na carne.

O quarto escuro
Amedronta,
Mas a luz
Não me conforta.
É aqui que estou.

A água dos meus olhos

Minha vista é falha e finda.
Vejo vultos de solidão,
Fantasmas que me passeiam.
Vejo distorções e destroços,
Sinto as dores do mundo,
Mas minha vista é falha e finda
E a água dos meus olhos,
Pífia.

Abismo

Não há nada entre mim e esse abismo
A não ser a minha respiração
Suspensa.
Abstrata é a existência
Diante de abismo tão concreto.

Eu me calo para o mundo
Porque intransponível é esse abismo.

A loucura é uma cegueira de intensa
Luz.
É uma porta sem chave
Que não se pode arrombar.
É desse abismo que ela me espreita
E dele não tiro meus olhos.

Em meus sonhos,
Tenebrosa é a queda.
Em minha vigília,
Terrível é a espera.

Ausência

A mordaz ausência de
Mim
Já não me assusta.
Mas me assustam a indiferença
Das pessoas que passam pela rua,
A crueza do mundo a pulsar lá fora,
A fome e a crueldade.
Assusta-me ver que a vida pode passar
Sem nenhuma intensidade,
Apenas como um sopro morno,
E nos desacostuma a sentir calor e frio.
A normalidade da destruição
É um alimento cheio de vermes
Com os quais alguns se habituam.

Minha vida tem um hálito quente demais
E nela tudo é demasiado.
E é em meus versos que encontro
Refúgio,
A minha ausência.
Eu me agarro aos portões de ferro
Em que me tranco
Para continuar vivendo.

Os meus olhos

É nos meus olhos
Que se podem ver o silêncio e a
Loucura.
Abissais.
Trago em mim a orelha de
Van Gogh, a água dos
Pulmões de Virginia Woolf,
A bala de Hemingway.
Trago em mim a tortura
Dos dias,
A insônia
Das noites
E os holofotes
Da solidão.
Às vezes eu descanso
E vivo a minha própria
Morte.

Sobreviver

Posso ir e voltar,
Estar lá e cá
Sem estar em lugar nenhum.
Amanheceu e anoiteceu,
Mas não dormi,
Agarrada que estive
À melancolia que me
Sobrevive.

Construí artifícios íntimos
Para viver
Sem dar explicações.

Há dias sombrios,
Mais sombrios do que posso
Suportar.
Mesmo assim eu os suporto
Com um único pensamento:
Isso passa.

Minha dor é silenciosa
Como nada pode ser,
Nem mesmo a praia de Pessoa,
Aonde o mar não chega.

Desvio

Meu coração tomou um desvio
Pelo excesso que me consome.
Um flerte entre a sombra
E a poesia.

Estou excessivamente cansada
De combater moinhos de vento
Com versos perdidos.

Como o artista da fome,
É Kafka quem me avisa
A origem concreta
Da solidão.

Extrema é a dor;
Invisível é a dor.
Não quero da dor
Uma reputação póstuma
Sob meus escombros
Retorcidos.

Vida

A vida tem um silêncio
Pesado.
Sou pertencida pelo olhar das
Coisas,
Pela despretensão do
Orvalho.

Ao clarear o dia
Estou comovida
Pela noite que por mim
Passou,
Pelo sono que não
Dormi.

Há dias oblíquos e sombrios
Em que me aguarda o túmulo
Das incertezas e da insanidade.

Há dias, muitos dias, demasiados,
Em que a vida grita
Para morrer.

Exausto

Há uma luz incerta
Neste vale,
Um mistério.

Sei que está ali
À espreita.

Sinto a intimidade da
Agonia,
O prefixo que me
Desabita.

Olho para a luz incerta.
Sei que dela virá um frio
Insuportável
E sei que nada me aquece
A alma.

Fecho meus olhos
E o frio me penetra.
Tudo é escuro e frio,
Um túmulo que se fecha
Sobre meu corpo
Exausto.

Cristal amarelo

Essa noite insuportável
É transitória
E desse longo crepúsculo
Sairá um cristal amarelo.

Conto-me essa estória
Todos os dias
Antes de dormir.

Talvez pela incredulidade,
A noite chega num arremesso
E passo as horas virando de um lado para o outro
Até que o dia amanheça.

Esse dia insuportável
É transitório
E dessa luz que me cega
Sairá um cristal amarelo.

Sol

Enternece-me ver o sol
Caminhando para o ocaso
No céu alaranjado.

Procuro por você e
Me pergunto onde está a
Nossa fratura.

Difícil é a resposta
Quando o corpo todo dói
Uma dor silábica.

Enternece-me o pôr-do-sol,
Mas quero vê-lo nascer e brilhar
Mais uma vez.

O barco da minha solidão

O barco da minha solidão não tem
Remos.
Partiram-se as esperanças de
Encontrá-los.
O mundo sonega
Ar
Aos afogados.

Raízes abraçadas são
Solidárias,
Mas não sou raiz.

Minha solidão
É um canto contrito,
Uma oração calada
Quieta
Muda.

Minha vida é metáfora
Apagada,
Um espasmo de
Dor,
Um sopro quente em meio a
Geleiras
Contra as quais não sei
Lutar.
Meus poemas são gritos
Mortos,
Um concerto sem
Platéia,
A respiração única e primeira
Do meu sangue.

O poema

O poema impõe-se ao poeta;
É sua premência ser escrito.
Mesmo em construção improvisada,
Há beleza em sua imperfeição.

Não há saídas senão escrever
O que já está escrito
Numa folha em branco.

Viver e morrer a cada poema:
Eis o ofício do poeta.

Um poema

Quero um poema ameno,
Que seja uma poltrona,
Uma noite fria na lareira
E um vinho.

Quero um poema
Que me faça descansar
Da minha vida alquímica,
Do meu ser anêmico.

Quero um poema
Que seja um quarto,
Um abrigo,
Um companheiro.

Estou tão só
Que me serve esta folha,
Que me servem estas letras
Em que me recosto.

Não espero muito
De um poema assim.
Será arte o meu descanso?
Será arte o meu cansaço?

Minha solidão é ágrafa,
Mas meu refúgio
É escrito.

Com a pele à flor dos nervos

Há algo de sólido nesta lágrima;
Há algo de líquido neste sólido.
Exponho nervos à
Flor da pele.

Arranho a promessa
No ventre da flor.
Pétalas se abrem,
Ao longe,
Vislumbro
Toda a poesia.

Fixação

Quero fixar este momento,
Não deixar que me escape o cheiro,
Respirá-lo antes que seja infectado.

Quero fixar este momento,
Parar o mundo agora,
Deixar que as coisas brutas
Mostrem sua essência.

Quero o impossível:
Fixar o mundo e parar, mas tudo é impermanente e,
Enquanto este poema é escrito, enquanto os versos escorregam por este papel,
Enquanto cada palavra vai tecendo esta
Teia,
O momento já se foi
E seu registro
É só lembrança,
Tempo e
Pó.

Tela branca

Escrevo na tela branca que é o
Sonho.
Aqui sou livre;
Não quero marca-passos de rimas,
Correntes decassílabas,
Metros e compassos.
Aqui sou livre porque
Escrevo.

A mão desliza sobre a alma
Oculta,
O pensamento,
Escravo da alma,
É disperso num campo abandonado.

Meus sentidos gritam,
Inacessíveis a mim,
Trancados no calabouço de
Fausto.

Suave é a liberdade dessa perda,
Íngreme o caminho que hei de subir.

A meu favor tenho o dia, a noite, o divino e a
Eternidade.

Calçada

O galho da minha vida
Quebrou-se.

Esgueirei-me
Entre trigais,
Esbarrei em línguas
Sem rosto.

Vi fachos azuis
Em céu de metal.
Matei a vida cedo,
Esmaguei-a
Entre os dentes.

O vôo vermelho
Ergueu torres mortas.

A calçada é testemunha:
Sob meu sangue,
Havia poesia.

Versos

Não há verdades universais
Entre o espelho e a faca,
Solidão e cama.

Versos são escritos com
Seiva e sangue,
Saliva e sêmen,
Neste leito de possibilidades.

Vou unhar o universo
Para roçar o Criador
Com minhas mãos amputadas.

Pautas brancas

Poema é líquido
Que sai pelas mãos,
Rastros de vida
Trilhada em manuscrito.

Ando na ponta dos pés,
Abafo gritos,
Carrego versos no colo.

Aprendi cedo
Que era tarde
Para abortar
Poema gestado.

Não há vergonha
Em chorar lágrimas azuis
Ou abrigá-las
No ventre aquecido
Das pautas brancas.

A porta do céu

É preciso entrar no
Subterrâneo
Para encontrar
A porta do
Céu;
É fazer o caminho de Dante
Para entrar no
Paraíso.

Boca de moça

O sorriso impreciso
Tenta existir
Na boca da moça.

Apalpo a inocência
Na catarse fatigada.
O lacre enrugado
Esconde o esboço.

Abstraio do seu contorno
O sonho entre parênteses.
Em poros submersos,
Alcanço o exílio
Do calendário.

Procuro em dicionários
O sussurro
Da criação do mundo.
Resvalo entre palavras,
Quase toco o sonho
Na solitária intenção
De roçar o infinito.

Brilho emprestado

Fui sem sair do lugar.
Visitei a manhã
Sem entrar.
Bati à porta,
Tomei a luz
E iluminei a noite
Com brilho emprestado.

Mulher

Não seja como uma flor,
Pois flores são arrancadas
Ou pisadas.

Seja uma árvore
E deixe as flores brotarem bem acima
E cuide para quem vai deixar alcançá-las.

A madeira deve ser escolhida com cautela;
As nobres viram móveis,
As fracas se dissolvem em meio a cupins.

Escape do seu destino de ser
Decorativa, arrancada, pisada, morta.

Luz

Luz...
Onde estás,
Que a palavra não te alcança,
E que a tua ausência
Revela?